Dr. Jürgen Weihofen

PU-ERH

Roter Tee aus China - nicht nur ein „Fettkiller“

Dr. Jürgen Weihofen

PU-ERH

Roter Tee aus China - nicht nur ein „Fettkiller"

Originalausgabe

sanoform-Verlag

sanoform-Verlag
Dr. Jürgen Weihofen
Wilhelm-Hamacher-Platz 25
53840 Troisdorf
Tel.: 02241-83903
Fax: 02241-72940
e-Mail: Dr.Weihofen@t-online.de

4. Auflage 1999
Dr. Jürgen Weihofen
PU-ERH Roter Tee aus China -
nicht nur ein „Fettkiller“

Bildnachweis Umschlag: Der Nachdruck der chinesischen Aquarelle erfolgt mit freundlicher Genehmigung der Österreichischen Nationalbibliothek, Wien

Gesamtherstellung: Presse-Druck, Augsburg
Printed in Germany 1999
ISBN 3-925502-03-3

Inhalt

Vorwort 7

Pu-Erh-Tee, mehr als ein Fettkiller? 11

Der Ursprung: Traditionelle Chinesische Medizin (TCM) 12

Die Idee: Nahrungsmittel = Heilmittel 14

Der Stammbaum, botanisch betrachtet 16

Die Geburtsstätte: Yunnan 18

„Erziehung" macht den Meister 20

Geschmack: erdig - Zubereitung: leicht 26

Süßung: ja, aber bitte so natürlich wie möglich 27

Die wichtigsten gesundheitlichen Wirkungen 29

1. Reduzierung des Übergewichts 32

2. Senkung der Blutfettwerte 33

3. Stärkung der Leber 34

Erfolg beim Abnehmen mit Pu-Erh-Tee 37

So entsteht Übergewicht 43

So wird man überschüssiges Fett los 45

1. Pu-Erh-Tee trinken und sich wohlfühlen 50

2. Pu-Erh-Teefasten 52

3. Qi-Getreidekur 57

Bezugsquellen/Adressen 91

Bücher 93

Vorwort

In meiner Praxis für Ernährungsberatung versuche ich Patienten zu helfen, die unter ernährungsabhängigen Erkrankungen leiden. Am häufigsten tritt das Problem Übergewicht, gefolgt von Fettstoffwechsel-Störungen, auf. Leider mußte ich feststellen, daß mit den gängigen Diätvorschriften nur wenige ihr Problem dauerhaft lösen können. Ich halte deshalb immer Ausschau nach weiteren Hilfen, die in meinen ganzheitlichen Ansatz passen. So empfehle ich seit über 10 Jahren, Getreide in den Mittelpunkt der Ernährung zu stellen. Das Buch „7-Tage-Körner-Kur“ ist daraus entstanden. Nachdem ich in vielen Kursen die heilsamen Wirkungen des Fastens erleben durfte, habe ich meine Erfahrungen in dem Buch „Saftfasten“ niedergelegt.

Immer wieder erkundigen sich Patienten, ob dieses oder jenes Lebens- oder Heilmittel ihnen helfen könne. So wurde mir auch die Frage nach „Rotem Grüntee“ gestellt. Zunächst wußte ich nicht, daß Pu-Erh-Tee gemeint war. Nachdem eine Patientin mir berichtete, daß sie damit ganz leicht ihr Übergewicht abgebaut habe und eine andere, daß der Tee in China als Gesundheitstee schlechthin gilt, wurde ich hellhörig. Ich begann, Pu-Erh selbst zu trinken und ihn vorsichtig zu empfehlen. Die Resonanz bei den Patienten war überraschend: Fettabbau gelang plötzlich ganz leicht, zu hohes Cholesterin sank. Ein Kollege berichtete mir von einer Frisöse, die Pu-Erh wegen des Abnehmens trank und deren allergische Symptome überraschenderweise nach zwei Wochen verschwanden.

Nun wollte ich Genaueres wissen und begann, nach Informationen über Pu-Erh-Tee zu suchen. Ich fand die erstaunlichsten Wirkungen und Erklärungen, die tief im alten Wissen der traditionellen chinesischen Heilmethoden verwurzelt sind. Eine kinesiologische Untersuchung bestätigte mir die Wirkungen auf Leber, Galle und Darm. Natürlich fällt es einem Menschen mit wissenschaftlicher Ausbildung nicht leicht, Wirkungen zu akzeptieren, die (noch) nicht an einzelnen Inhaltsstoffen festgemacht werden können. Die Beschäftigung mit der chinesischen Diätetik und der Lehre von den Fünf Elementen eröffnete mir ganz neue Einsichten, aber auch Bestätigungen für Erfahrungen, die ich selbst machen konnte. Ich freue mich, daß ich Ihnen etwas davon vermitteln darf.

Ich danke meiner Mitarbeiterin Frau Dipl. oec. troph. Marion Adler für die Zusammenstellung der Qi-Getreidekur. Meines Wissens ist dies weltweit das erste Buch, welches sich ausschließlich mit Pu-Erh und Abnehmen mit Pu-Erh nach Chinesischer Diätetik befaßt. Für mögliche Fehler bitte ich um Entschuldigung, über Hinweise freue ich mich ebenso wie über Zuschriften zu Erfolgen, die Sie persönlich mit Pu-Erh-Tee erzielt haben.

Troisdorf, September 1998

zur 4. Auflage:
Der überaus große Erfolg dieses Büchleins macht eine vierte Auflage nach nur 5 Monaten notwendig. Pu-Erh findet immer mehr Freunde. Ich bin überzeugt, daß diese Freundschaften lange halten.

Troisdorf, Februar 1999
Dr. Jürgen Weihofen

Über den Autor:

Dr. Jürgen Weihofen ist Diplom-Oecotrophologe, Dozent, Fachautor im Bereich Gesundheit und Ernährung. Er betreibt in Troisdorf eine Praxis für Ernährungsberatung.

Hinweis:

Dieses Buch kann bei einer behandlungsbedürftigen Krankheit den Besuch eines Arztes oder Heilpraktikers nicht ersetzen. Die Anwendung der Informationen und Rezepte liegt in Ermessen und Verantwortung des Lesers, Verlag und Autor können keine Haftung übernehmen.

Pu-Erh-Tee, mehr als ein „Fettkiller“?

Stellt man diese Frage einem Chinesen, wird er ganz erstaunt sein, daß man den Tee und seine Wirkungen in der westlichen Welt kaum kennt. In China, dem Land, in welchem der Tee „erfunden“ wurde, ist Pu-Erh als „Tee der Kaiser“ bekannt, denn früher stand die wohl wertvollste Sorte alleine den Kaisern zu. Er durfte vom Volk nicht getrunken werden. Seine Geburtsstätte liegt in der Provinz Yunnan, in der man einen mindestens 800 Jahre alten und über 30 Meter großen „Qingmao-Teebaum“ als Vater des Pu-Erh-Tees regelrecht verehrt.

Pu-Erh-Tee gilt in China als Gesundheitstee schlechthin. Seine Wirkung setzt sehr tief bei den Energien an, die die Abläufe in unserem Körper steuern. Chinesen wissen, daß sich Gesundheit nur dann einstellt, wenn die universelle Lebensenergie, Qi oder Chi genannt („tschi“ gesprochen), ungestört fließen kann. Pu-Erh fördert den Fluß, er führt zum Gleichgewicht von Yin und Yang. Dieser universelle Dualismus gilt in der Natur und natürlich auch beim Menschen. Yin steht für das weibliche Prinzip, in der chinesischen Medizin zum Beispiel für unten, Brust/Bauch, Rumpf, innen, frösteln, Unterkühlung und träger Puls. Yang steht dagegen als männliches Prinzip für die jeweiligen Gegensätze wie oben, Rücken, Kopf, außen, fiebern, Entzündung und rascher Puls.

Der Ursprung: Traditionelle Chinesische Medizin (TCM)

In China vertraut man der jahrtausende alte Erfahrung, resultierend aus ganz genauen Naturbeobachtungen. Diese führten zu frühen differenzierten Entwicklungen in der Medizin, die viele Menschen der westlichen Länder heute nach und nach entdecken. Wir Europäer fragen immer nach den Inhaltsstoffen und ihren biochemischen oder pharmazeutischen Wirkungen, dabei wissen auch wir, daß alleine aus unbelebter Materie, ohne Energie- und Informationsfluß, kein Leben entstehen kann.

Das konfuzianische Gedankengut war nie technikfeindlich, im Gegenteil: jahrhundertelang war China führend in Technologie und Wirtschaft. Berührungen mit anderen Kulturen führten in der Regel zur Einbeziehung in das eigene

Gedankengut. Und so fällt es den Chinesen auch heute leichter, die modernen naturwissenschaftlichen Erkenntnisse und Techniken in ihre Medizin zu intergrieren als der westlichen Medizin, Nutzen aus dem Schatz der Traditionellen Chinesischen Medizin (TCM) zu ziehen.

Es ist bezeichnend, daß heute, wo alles Stoffliche bis in die kleinsten Teile der Materie erforscht wird, Menschen in den westlichen Kulturen sich mehr und mehr auf die Suche nach Alternativen begeben. Sie haben oft das Gefühl, daß bei einseitiger „mechanischer“ Behandlung wichtige Komponenten ihrer Existenz zu kurz kommen, evtl. sogar auf Kosten ihrer Gesundheit. Alternativen, die gesucht werden, sollen möglichst natürlich sein, also in Einklang stehen mit Natur und Umwelt, von welcher der Mensch ein Teil ist. Dort, wo unsere technisierte Medizin mit Apparaten und Chemie an Grenzen stößt, finden die Ansätze der alten chinesischen Hochkultur immer stärkere Akzeptanz. Akupunktur wird heute von vielen Ärzten in Deutschland praktiziert und - zumindest als Schmerztherapie - inzwischen sogar von den Krankenkassen bezahlt, die bemerkt haben, daß der sanfte Weg nicht zuletzt deshalb der bessere ist, weil er auf Dauer preiswerter ist. Tai-Chi, Qi-Gong und Feng Shui sind weitere Elemente der TCM, die im Westen immer mehr Verbreitung finden.

Die Idee: Nahrungsmittel = Heilmittel

Zum ganzheitlichen Ansatz der Medizin in China gehören unabdingbar Tees. Die Heilkräutertherapie ist der wichtigste Zweig der chinesischen Medizin überhaupt. Während bei uns Traditionelle Chinesische Medizin und Akupunktur oft gleichgesetzt werden, hat Akupunktur in China selbst nicht diese überragende Bedeutung. Heilkräuter dagegen sind die Basis der medizinischen Behandlung von Krankheiten. Bei der Vorbeugung spielt die Ernährung des Menschen eine entscheidende Rolle, denn eine strikte Trennung von Arznei und Nahrungsmittel gibt es nach dem Verständnis der TCM nicht. Jedes Nahrungsmittel, besonders, wenn es regelmäßig verzehrt wird, hat eine Wirkung auf die Lebensenergie und damit auf die Gesundheit. Die richtige Auswahl und Dosierung nach der sogenannten „Fünf-Elemente-Lehre" ist für die Chinesen der Maßstab ihrer Diätetik. Nach ihrem ganzheitlichen Verständnis tragen weiterhin Bewegung, emotionale Ausgeglichenheit und das soziale Umfeld wesentlich zu einem langen Leben in Gesundheit bei.

Ähnliche Erkenntnisse gab es auch bei Medizinern des Abendlandes. Hier sei erinnert an einen berühmten Ausspruch von Paracelsus, daß alleine die Dosis entscheidet, ob ein Stoff Heilmittel oder Gift ist. Hildegard von Bingen maß den Nahrungsmitteln eine entscheidende Bedeutung zu im Bemühen, die Gesundheit zu erhalten oder wieder herzustellen. Tees gehörten ganz selbstverständlich dazu. Heute erwarten wir allerdings oft, daß Tees genau so funktionieren wie Chemotherapeutika: man nimmt sie erst, wenn sich Beschwerden eingestellt haben, dann sollen sie aber sofort wirken. Damit stellt man Anforderungen an Naturheilmittel, die diese vom Ansatz her selten erfüllen können.

Viel sinnvoller ist es, vorbeugend und mild regulierend die Heilkräfte der Natur einzusetzen. Dies beherrschen die Chinesen exzellent und lösen damit Probleme fast nebenbei, für die wir „Westler“ oft „Kanonen“ auffahren, die manchmal mehr zerstören als heilen.

Was sind die größten Gesundheitsrisiken der westlich-zivilisierten Menschen? Es sind Übergewicht und Herz-Kreislauf-Erkrankungen, verursacht durch Arterienverkalkung, außerdem Nebenwirkungen des Genußmittels Alkohol sowie der erschreckend hohen Medikamenteneinnahme. Und wenn es nun einen Tee gäbe, der bei allen diesen Risiken an der Wurzel wirkt, keine Nebenwirkungen hat und dabei noch schmeckt?

Mit Pu-Erh-Tee haben wir einen solchen Tee zur Verfügung:
Pu-Erh-Tee wird in China traditionell getrunken zum Fettabbau und zur Senkung des Cholesterinspiegels. Man weiß, daß er Alkohol schneller abzubauen verhilft und zur Stärkung der Leber führt.

Der Stammbaum, botanisch betrachtet

Der chinesische Professor Li Yongkang bezeichnet den Teebaum mit ungewöhnlich großen Blättern, die zu Pu-Erh-Tee verarbeitet werden, als „Qingmao-Teebaum“. Botaniker ordnen den Baum der Varietät „dayeh“ von „Camellia assamica“ zu. Kameliengewächse umfassen nicht nur die weltweit geschätzten Gartenzierpflanzen, sondern auch alle Teegewächse, aus denen Schwarzer Tee und Grüner Tee gewonnen werden.

Die Art „Camellia assamica“ wächst wild zu einem Baum heran. Man vermutet einen eigenen Ursprung dieser Pflanze in den Bergen von Yunnan, unabhängig von dem nur strauchgroß wachsenden bekannten Teegewächs „Camellia sinensis“. Tee wurde in China seit der frühen Han-Dynastie um 200 v. Chr. kultiviert, aber bereits seit dem Jahr 2737 v. Chr. nachweislich getrunken. Der Tee hat länglich-eiförmige Blätter, die spitz zulaufen, immergrün sind und wechselständig stehen. Die Blüten sind fünfzählig, weiß und stark duftend, die Früchte dreikantig und verholzt.

Der Name des Roten Tees stammt von der Präfektur „Pu Erh“ im Distrikt Simao im südlichen Yunnan. In der kantonesischen Sprache wird er als „Bolei“ bezeichnet. Es gibt Hinweise darauf, daß manche Varietäten so kultiviert werden, daß sie einen dünnen Belag von gewolltem Edelschimmel bilden, zu vergleichen mit dem Einsatz von Edelschimmeln bei der Erzeugung von hochwertigem Käse. Vielleicht lassen sich damit einige der Wirkungen des Tees erklären, denn manche Pilzwirkstoffe wirken ja bekanntlich antibiotisch.

Die Geburtsstätte: Yunnan

Pu-Erh-Tee ist ein typisches Erzeugnis der Hochlandregionen der Provinz Yunnan im Südwesten Chinas. Sie ist die achtgrößte Provinz Chinas, etwa 10 % größer als Deutschland, und grenzt an Laos sowie Vietnam. Yunnan, auch als „Region des ewigen Frühlings" bezeichnet, verfügt über fast alle Klimazonen, von tropischen Gebieten bis zum Hochgebirge mit Gipfelhöhen über 6000 Metern. Der Qingmao-Teebaum wächst vor allem in Gebirgslandschaften mit gemäßigtem Klima, ohne Frost und mit viel Niederschlägen gleichmäßig über das ganze Jahr verteilt. Man findet ihn aber auch bis in Höhen von 2000 Metern. Die größten Anbaugebiete befinden sich um den Berg Liuchashan sowie im Distrikt I´bang im südlichen Yunnan.

Yunnan zählt zu den schönsten Landschaften der Erde mit einer einzigartigen Pflanzenvielfalt. Die Mehrzahl der in der Traditionellen Chinesischen Medizin seit Jahrtausenden eingesetzten Heilpflanzen stammt aus dem weitgehend von Industrie und Umweltbelastungen freien Hochland von Yunnan. Der hohe Wirkungsgrad von Heilpflanzen aus Yunnan wird mit der starken Energie in Verbindung gebracht, die die Pflanzen aus dieser Region prägen. Kunming, die mehr als 3 Mio. Einwohner zählende Hauptstadt der Provinz, gilt mit ihren vielen Forschungsinstitutionen als Zentrum der Traditionellen Chinesischen Medizin, die in Europa und Amerika immer mehr Anhänger findet. In den 70er Jahren berichteten Ärzte aus Kunming zum ersten Mal über klinische Studien, die zeigten, daß Pu-Erh-Tee in der Lage ist, den Blut-Cholesterin-Spiegel zu senken.

„Erziehung" macht den Meister

Üblicherweise werden die Blätter der Teepflanze nach der Ernte wie folgt verarbeitet:

Welken: dem Blatt werden durch Trocknen 30% der Feuchtigkeit entzogen
Rollen: dient dazu, die Zellen aufzubrechen, so daß der Zellsaft in Kontakt mit dem Luftsauerstoff treten kann; Beginn der Fermentation
Fermentation: in feuchter Atmosphäre oxidiert der Zellsaft mit dem Sauerstoff der Luft und gärt durch Abbauprozesse zelleigener Enzyme bzw. durch Mikroorganismen
Trocknen: zum richtigen Zeitpunkt, angezeigt durch Verfärbung und Geruch des Teeblatts, wird die Fermentation abgebrochen und durch Trocknen mit heißer Luft das Ergebnis stabilisiert; der Zellsaft trocknet am Blatt an und ergibt beim Aufbrühen die jeweils typische Farbe
Sieben/Sortieren: der fertige Rohtee wird anschließend nach Feinheit gesiebt (je gröber, umso hochwertiger).

Bei der Fermentation vollziehen sich unter Zufuhr von Feuchtigkeit und evtl. Wärme Umbauprozesse in den Teeblättern, die Farbe, Geschmack, Aroma und Charakter des Tees prägen. Je weniger die Blätter fermentiert werden, umso grüner oder gelber ist die Farbe des Tees. Je länger die Blätter fermentieren, umso dunkler wird der Tee.

Nicht-Fermentiert:
Die in den grünen Blättern enthaltenen Fermente werden nach dem Welken durch starke Dampferhitzung zerstört, so daß keine Fermentation in Gang kommt. Danach wird das Blatt leicht gerollt und dann sofort getrocknet.

Grüner Tee, Pilochum, Lungching

Semi-Fermentiert:
Der Tee hat eine helle, gelb-rötliche Färbung. Die Fermentaion schreitet von den Bruchstellen her fort, wird aber nach kurzer Zeit gestoppt, so daß nur Teile des Blattes fermentieren können.

leicht: Weißer Tee, Jasmin-Tee, Chinchua, Pouchong
mittel: Oolong, Sueishen, Dunting

schwer: Penfun, Mandarin Oolong

Voll-Fermentiert:
Das Erzeugnis ergibt einen dunkelbraunen Tee-Auszug. Das Blatt ist voll fermentiert.

Schwarzer Tee wie Darjeeling, Ceylon oder Lapsang Souchong.

Eine eigene Klasse: Pu-Erh/Roter Tee

Pu-Erh-Tee wird durch ein traditionelles und ganz eigenständiges Verfahren hergestellt, so daß er nicht in das heute gängige Schema der Tee-Klassifizierung paßt. Er entspricht am ehesten dem Tee, wie er in China vor 2000 Jahren getrunken wurde. Kuo Pó bezeichnet in einem Wörterbuch aus dem Jahre 350 n. Chr. den Tee (kia, kú tù, und ab 725 als ch´a bezeichnet) als medizinischen Trunk, zubereitet aus großen, grünen Blättern, die zu Kuchen gepreßt und so lange fermentiert wurden, bis sie eine rotbraune Farbe angenommen hatten. Carole Manchester beschreibt dies in ihrem Buch „tea in the east" und vermerkt, daß das Teetrinken, welches seinen Ursprung in den Bergländern des Südwestens Chinas hat, zunächst alleine den Zweck hatte, die Gesundheit zu fördern.

Es rankt sich um die traditionelle Verarbeitung von Pu-Erh ein gut gehütetes Geheimnis, welches auch heute noch nicht gänzlich gelüftet ist. Fachleute klassifizieren Pu-Erh als „post-fermentiert", ein Hinweis darauf, daß er eine Nachreifung durchläuft. Er wird wegen der roten Farbe des Tees manchmal fälschlich den Oolong-Tees zugeordnet oder sogar mit diesen verwechselt. Aufgrund seiner tief-roten, kastanienähnlichen Färbung hat sich zur Unterscheidung von Grünem oder Schwarzem Tee auch der Name **Roter Tee** gebildet. Wichtig ist aber, daß nur die als Pu-Erh-Tee gekennzeichneten Angebote wirklich die Wirkungen entfalten, die in China schon so lange bekannt sind.

Man erzählt sich in China, daß es zur Entwicklung des Verfahrens der Pu-Erh-Teeherstellung kam, weil man den gesunden Grüntee lange Zeit konservieren wollte. Der wertvollste Tee sollte den Transport zu den Kaisern unbeschadet überstehen, ohne seine Wirkung einzubüßen. Die Herstellung erfolgte in Höhlen der Yunnan-Gebirgslandschaft auf äußerst komplizierte, geheimnisvolle Weise. Wie Carole Manchester schreibt, handelt es sich beim Roten Tee eigentlich um einen Grünen Tee, der durch das Nachreifen seinen einzigartigen Charakter erhält. Die besonders großen grünen Teeblätter werden gepreßt, was charakteristisch für Pu-Erh-Tee ist. Spezifische Bakterienstämme bekommen dann Gelegenheit, in der Nachfermentation während einer jahrelangen Lagerung unter kontrollierten Bedingungen den ursprünglich Grünen Tee in den roten Pu-Erh zu verwandeln. Wenn man so will, ist also Roter Tee/Pu-Erh-Tee ein nach alter Erfahrung nachbehandelter Grüntee. Er wird um so wirkungsvoller und kostbarer, je länger er lagert, ähnlich wie guter Wein, ganz im Gegensatz zu Grünem oder Schwarzem Tee, der möglichst frisch sein sollte. Die kostbarsten Pu-Erh-Tees reifen bis zu 60 Jahre, um ihr unvergleichliches Aroma zu entwickeln! Kein Wunder, daß sie entsprechend teurer sind.

Pu-Erh-Tee wird in China in verschiedenen Preßformen angeboten, als „Brik" oder „Cake", rechteckige oder runde Ziegel bzw. Kuchen. Die runden Kuchen messen etwa 15 Zentimeter im Durchmesser und sind z.T. von Hand in Bambusblätter, verschnürt mit Nerven von Palmblättern, eingepackt.

Zum Export gelangt meist in China direkt hygienisch und qualitativ einwandfrei verpackte lose Ware oder in Filterbeuteln abgefüllter Tee. Selten gelangen auch Spezialitäten in Form von „Pilzen", kleinen Kugeln, zum Export. Aus China ausgeführter fertig abgepackter und gekennzeichneter Tee bietet die höchste Sicherheit, eindeutig echten Pu-Erh zu bekommen. Der Export wird durch die staatliche Gesellschaft „China National Native Produce and Animal By-Products Import & Export Corporation" abgewickelt. Die darunter selbständig arbeitenden Branch Offices Corporations überwachen die Qualitäten und stellen die für den Export bestimmten Standardsorten her. Bei diesen Standards kann davon ausgegangen werden, daß sie jahrelang von gleichmäßiger Qualität sind. Lieferungen sind immer einwandfrei und mustergetreu.

Geschmack: erdig - Zubereitung: leicht

Die Farbe des Tees ist sehr dunkel/rötlich. Pu-Erh entwickelt ein erdiges, fast rauchiges Aroma, das sich mit anderen Tees nicht vergleichen läßt. Der für westliche Gaumen unbekannte Geschmack ist aber in keiner Weise unangenehm, man gewöhnt sich leicht und schnell daran und möchte ihn nach kurzer Zeit nicht mehr missen. Für eine Tasse Tee benötigt man nur maximal 3 Gramm Teeblätter, das ist weniger als ein Teelöffel. Für einen Liter Tee etwa 20 Gramm, also zwei bis drei Teelöffel, aber nicht gehäuft! Während grüne und wenig fermentierte Tees mit nicht kochendem Wasser aufgegossen werden sollten, kann der Pu-Erh-Tee mit sprudelnd-kochendem Wasser übergossen werden (95 bis 100^0 Celsius). Man läßt ihn je nach Geschmack zwischen zwei und fünf Minuten ziehen.

Pu-Erh kann man wie Grünen Tee mehrmals aufgießen. In China wird er wegen seiner Intensität bis zu viermal aufgebrüht. Ich meine, man sollte, um stets die volle Wirkung zu haben, Pu-Erh nicht mehr als zweimal aufgießen. Übrigens ist Pu-Erh-Tee eine gute - und natürlich viel gesündere Alternative - für passionierte Kaffee- und Espresso-Trinker. Wenn er schön stark aufgegossen wird, erinnert nicht nur die Farbe, sondern auch ein wenig der Geschmack an den des Kaffees. Zum „Umgewöhnen" sei auch zugestanden, Milch hinzuzufügen, was selbstverständlich einem Chinesen als wilde Barbarei vorkommen wird. Da so das Abgewöhnen des (übermäßigen) Kaffetrinkens leichter fällt, bezeichnen Amerikaner den Pu-Erh-Tee als „Coffee Kicker".

Süßung: ja, aber bitte so natürlich wie möglich

Chinesen trinken ihren Tee selbstverständlich ungesüßt. Das ist auch westeuropäischen Gaumen mit Pu-Erh-Tee möglich. Wer allerdings auf eine leichte Süßung nicht verzichten will, sollte auf natürliche Süßungen ausweichen, damit die gesundheitlichen Vorteile des Tees nicht durch die Nachteile, die normaler weißer Zucker bekanntermaßen hat, wieder aufgehoben werden. Zu empfehlen ist Honig, wobei der starke Eigengeschmack allerdings berücksichtigt werden muß. Der leicht „kandierte" Geschmack von

Ahornsirup harmonisiert ganz gut mit Pu-Erh. Die Süßung besteht allerdings hierbei ganz überwiegend aus Saccharose, so daß in der Wirkung auf Darmflora, Stoffwechsel, Karies und Mineralhaushalt keine wesentliche Verbesserung gegenüber dem weißen Rübenzucker zu verzeichnen ist.

Wir empfehlen alternativ Agavendicksaft. Er wird durch Wasserentzug/Konzentration aus dem Mark von Agaven gewonnen, hat einen neutralen Geschmack und besteht vor allen Dingen fast 100-prozentig aus Fruchtzucker. Damit wird er, in Maßen genossen, insulinunabhängig direkt in der Leber verstoffwechselt, so daß es nicht zum sonst typischen Absacken des Blutzuckerspiegels etwa 30 Minuten nach dem Verzehr kommt. Als von der Leber direkt umsetzbare Energie verstärkt Agavendicksaft die leberunterstützende Wirkung des Pu-Erh-Tees, ist also die ideale natürliche Süßung.

Pu-Erh-Tee schmeckt sogar als kaltes Getränk, auch Eistees lassen sich damit herstellen. Und für „Spezialisten“: wer Kombucha selbst ansetzt, schlägt mit Pu-Erh gleich „zwei Fliegen mit einer Klappe“: er nutzt gleichzeitig die gesundheitlichen Wirkungen des Gärgetränkes und die des Pu-Erh-Tees!

Die wichtigsten gesundheitlichen Wirkungen

Ruth Schneebeli-Graf beschreibt in ihrem Fachbuch über die Nutz- und Heilpflanzen Chinas: „In allen größeren Läden der Provinz Sichuan, die Heilkräuter verkaufen, gibt es ein besonderes Teeprodukt, das „p'uerh"-Tee heißt. P'uerh-Tee ist landauf, landab berühmt für seine Heilkraft bei Verdauungsbeschwerden und bei leichten depressiven Zuständen. Sogar von Apothekern im Tibetanischen Hochland wird er hoch geschätzt."

Um den Tee ranken sich in China viele Sagen. So ist über seine Entstehung überliefert, daß der buddhistische Mönch Brahmin, der 529 nach China kam, während einer Meditation vom Schlaf überwältigt wurde. Aufwachend schnitt er sich beide Augenlider ab, damit das nicht mehr vorkomme. Sie fielen auf die Erde und schlugen aus. Die Pflanze entwickelte sich zum ersten Teestrauch, dem Symbol ewiger Wachsamkeit.

Der Teestrauch gehört zu den 50 Grund-Heilpflanzen in China. Er wird traditionell angewendet äußerlich bei Verbrennungen und Prellungen, innerlich bei Durchfall, Müdigkeit, Kater nach Alkoholgenuß, Kopfschmerzen und Migräne. Selbst bei Malaria, Bindehautentzündungen, Blutvergiftungen und Epilepsie wurde er eingesetzt.

Die Wirkungen des Pu-Erh-Tees gehen über die des gewöhnlichen Teestrauchs und die mittlerweile auch bei uns bekannt gewordenen Wirkungen des Grünen Tees weit hinaus. In der Zeit der Tang-Dynastie (618-907) erkannte man den Wert des Roten Tees aus Yunnan. Anbau und Handel nahmen zu, er erhielt einen festen Platz in der Traditionellen Chinesischen Medizin. Laut Prof. Yongkang ist auch heute noch das Buch „Ben Cao Gang Mu Shi Yi" des berühmten Arztes und Pharmazeuten Zhao Xuemin wichtig für TCM-Ärzte. Zhao Xuemin lebte von 1719 bis 1821 während der Qing-Dynastie und schrieb über Pu-Erh-Tee: „Dieser Tee ist wie kein anderer ein wirksamer Feind unnützen und schädlichen Körperfetts. Er unterstützt das Yin und das Yang und schafft so, wenn der Mensch ihn regelmäßig trinkt, ein langes, gesundes Leben". Zhao Xuemin selbst wurde 102 Jahre alt. Auch er trank zeitlebens täglich Pu-Erh-Tee.

Es sind vor allem drei Hauptwirkungen, die Pu-Erh so berühmt gemacht haben:

1. Pu-Erh bekämpft ernährungsbedingtes Übergewicht.

2. Er senkt den Cholesterinspiegel.

3. Roter Tee wirkt anregend auf den Leberstoffwechsel, wofür der beschleunigte Abbau von Alkohol im Blut ein sicherer Indikator ist.

Daneben sind weitere Wirkungen überliefert und z.T. auch klinisch nachgewiesen:
- Prophylaxe von Infektionskrankheiten
- Bakteriostatische Wirkung
- Senkung der Blutfettwerte
- Verbesserung der Bekömmlichkeit fetter Speisen
- Entgiftung und Entschlackung
- Stärkung des Immunsystems.

1. Reduzierung des Übergewichts

Die Amerikaner bezeichnen Pu-Erh-Tee einfach als „berühmten Fettkiller". Dieser Name mag zwar drastisch klingen, umschreibt aber deutlich seine Wirkung. Alle, die sich damit plagen, überflüssiges Körperfett loszuwerden, sollten Pu-Erh-Tee probieren. Das jahrhunderte alte chinesische Wissen wurde, so berichtet Prof. Yongkang in seinem Buch „Heilen mit Chinatees", durch klinische Studien am Medical Institute in der Hauptstadt von Yunnan, Kunming, als auch am St. Antoine Hospital in Paris nach „westlichen" Methoden wissenschaftlich bestätigt:

Untersuchung am Kunming Medical Institute

- stark Übergewichtige verloren bis zu 9 Kilogramm Körpergewicht im Monat
- mittelschwere Fälle nahmen bis zu 5,8 Kilogramm ab
- bei leichtem Übergewicht war noch ein Rückgang bis zu 2,8 Kilogramm zu verzeichnen.

Untersuchung in Paris

- Bei normaler Ernährungsweise bauten 88 Prozent der Patienten zwischen 3,2 bis 10,8 Kilogramm Fettgewebe innerhalb von 4 Wochen ab.

Bemerkenswert fanden die Forscher, daß die Gewichtsabnahme dauerhaft war, was mit anderen Diäten kaum zu erreichen ist. Es scheint daher berechtigt, vom Pu-Erh-Tee als Fettkiller oder natürlichem Schlankmacher zu sprechen. Aus westlicher medizinischer Sicht liegt es nahe, die Wirkung vor allem in einem gesteigerten Leberstoffwechsel zu suchen, während nach der Traditionelle Chinesischen Medizin die Wirkung im energetischen Bereich zu suchen ist.

2. Senkung der Blutfettwerte

Was in China traditionelles Wissen ist, konnte an der Pariser Klinik St. Antoine durch Messungen nachvollzogen werden. Bei drei Tassen Pu-Erh-Tee pro Tag sanken die Blutfettwerte im Durchschnitt um 13 % innerhalb eines Monats. Wie Prof. Yongkang berichtet, konnten in einem anderen Versuch Triglyceride und Harnsäure bei zwei Dritteln der Testpersonen hervorragend bis gut gesenkt werden. Er berichtet außerdem von dem Ergebnis einer Studie in Kunming, die zeigte, daß Pu-Erh-Tee bei Lipämie, einem Anstieg der Lipoproteine nach Leberschädigung oder schwerem Diabetes, weitaus höhere Effekte zeigte als sogenannte Clofibrate, den herkömmlichen Medikamenten gegen Lipämie.

3. Stärkung der Leber

Französische Ärzte bestätigen die Wirkung des Pu-Erh-Tees auf den Alkoholabbau. Ein Selbstversuch von acht Ärzten zeigte, daß sich der Blutalkohol mehr als doppelt so rasch wie normal abbaute. Innerhalb von 2 Stunden sank der Alkoholspiegel im Durchschnitt um 0,45 Promille, ein sicheres Zeichen dafür, daß der Pu-Erh-Tee den Leberstoffwechsel aktiviert.

Pu-Erh, das ideale Gesundheitsgetränk

Eine bakteriostatische Wirkung, also das Stoppen der Vermehrung von Bakterien, zeigte ein medizinisch konzentrierter Aufguß von 100 Gramm Tee auf 700 ml Wasser bei den Erregern von Ruhr. In China geht man davon aus, daß der normal gebräuchliche Aufguß auch andere infektiöse Erkrankungen des Verdauungstraktes verhindert und bei akuten Beschwerden, z.B. Durchfall, zur Heilung beiträgt.

Pu-Erh-Tee ist also ein wahrer Multifunktions-Gesundheitstee, denn er regt die Sekretion aller Verdauungsdrüsen an, vertreibt rasch schlechte Laune und sogar leichte Depressionen. Er sorgt für einen Ausgleich von Yin und Yang, läßt die Lebensernergie Qi fließen und sorgt dadurch für eine Stärkung von Immunabwehr und Lebensenergie. Pu-Erh hält quasi Ordnung im Verdauungskanal, bekämpft Schlacken und Bakterien, die nicht dorthin gehören. Dabei wirkt er nicht so anregend auf das Herz-Kreislauf-System wie Schwarz- und Grüntee oder Kaffee, sondern nur belebend auf Nerven und Gehirn. Er kann deshalb auch nachmittags oder abends getrunken werden, da er das Einschlafen nicht behindert.

Leider läßt sich eine Inhaltsanalyse bisher in der Literatur nicht finden. Einzeluntersuchungen und Erfahrungen sprechen aber dafür, daß sein Gehalt an Coffein (früher als Thein bezeichnet) entweder gering ist oder durch den speziellen Fermentationsprozeß schwächer wirkt. Der Gehalt an Gerbsäuren ist zudem sehr niedrig, Pu-Erh wird auch von magenempfindlichen Personen gut vertragen, selbst dann noch, wenn er lange zieht. Man kann ihn, wenn man morgens ein starkes Getränk wie Espresso liebt, sogar über Nacht ziehen lassen.

Erfolg beim Abnehmen mit Pu-Erh-Tee

Natürlich ist der Erfolg beim Fettabbau um so größer und nachhaltiger, je mehr auf konventionelle Getränke wie Kaffee oder kalorienhaltige Erfrischungsgetränke verzichtet wird und je mehr man sich gleichzeitig auf eine nach chinesischer Tradition und wissenschaftlichen Erkenntnissen angepaßte Ernährung umstellt. Der Fettabbau erfolgt langsam, wenn die Ernährung ansonsten unverändert bleibt, und sehr schnell, wenn die Umstimmung eingeleitet wird mit einem Teefasten von einigen Tagen. Ausführliche Anleitungen dazu weiter unten.

Chinesische Ernährungslehre

Wie kommt es, daß, trotz der umfangreichen Erkenntnisse der Ernährungswissenschaft, die Bemühungen vieler Menschen in den westlichen Ländern, abzunehmen, ihre Blutfette zu senken oder einfach eine stabilere Gesundheit zu haben, so wenig fruchten? Fast jeder weiß doch, welche Lebensmittel viele und welche wenige Kalorien liefern. Es ist auch bekannt, daß sich das Cholesterin in tierischem Fett versteckt und daß Ballaststoffe nicht nur keine Kalorien liefern, sondern auch die Blutfette positiv beeinflussen. Und jedes Kind kann als wichtige Quelle für Vitamin C die Citrusfrüchte benennen. Trotzdem quälen sich unzählige Mitmenschen mit immer neuen Diäten, um meist nur kurzfristig ihrem Wunschgewicht etwas näher zu kommen. Herz-Kreislauf-Erkrankungen als Folge der Arterienverkalkung haben nicht abgenommen, und es ist auch nicht zu bemerken, daß sich viele Mitmenschen deutlich fitter und leistungsfähiger fühlen.

Mit der Öffnung Chinas lernen nicht nur immer mehr Touristen das Land der Mitte kennen, auch Ärzte und Ernährungswissenschaftler beschäftigen sich zunehmend mit der jahrtausendealten Ernährungslehre der Chinesen. Dabei stellen sie erstaunt fest, daß die Prinzipien der Traditionellen Chinesischen Medizin die ungelösten Probleme ganz anders, aber überaus erfolgreich angehen. Jeder, der nachhaltige Erfolge erzielen will, sollte sich nicht darauf beschränken, Pu-Erh-Tee zu trinken. Dies ist natürlich ein erster Schritt und bringt in vielen Fällen alleine auch schon erstaunliche Ergebnisse. Nach der chinesischen Ernährungslehre sollte man seine Ernährungsgewohnheiten generell daraufhin überprüfen, ob sie nach dem Erfahrungsschatz der Chinesen in ihrer energetischen Wirkung optimal sind. Denn die Lehre von den Fünf Elementen stellt die energetische Wirkung der Nahrungsmittel in den Vordergrund.

Es handelt sich hierbei nicht um eine neue Diät, es gibt keine strengen Verbote, die Anwendung ist einfach und erfordert auch nicht, daß man sich fortan ausschließlich mit exotischen Nahrungsmitteln einer fremden Kultur versorgt. Wer zu den Menschen gehört, die es beim Essen verabscheuen, an Kalorien, Vitamine oder Mineralstoffe zu denken, wird in der chinesischen Ernährungslehre dankbar eine echte Alternative finden.

Qi braucht der Mensch

Der Ursprung der TCM und ihrer Ernährungslehre ist im Taoismus zu suchen. Das höchste Ziel der Schüler Laotses war es, Erleuchtung zu erlangen. Dazu war notwendig - wenn die Unsterblichkeit nicht erlangt werden konnte - wenigstens möglichst lange zu leben. Dem Ziel eines hohen Lebensalters bei voller Gesundheit dienen folglich alle Gesundheitsübungen wie Gymnastik, Akupunktur, Kräuter- und Ernährungstherapie. Entscheidende Bedeutung kommt einer möglichst frühzeitigen Diagnose zu, die die Wurzeln einer Erkrankung erkennt, also nicht vorrangig das Ziel hat, Symptome zu beseitigen. Prophylaxe wird ernsthaft betrieben, also die Einstellung auf mögliche Schwachstellen, weit bevor handfeste Krankheiten sichtbar werden.

Gesundheit wird in China verstanden als Gleichgewicht von Substanz und der Lebensenergie Qi („tschi" gesprochen), die erst Leben ermöglicht. Substanz hat nach dem Yin-Yang-Modell Yin-Charakter wie Blut und Körpersäfte, ist nach innen gerichtet und entspricht dem weiblichen Prinzip. Die Energie hat Yang-Charakter wie Licht und Wärme, ist nach außen gerichtet und entspricht dem männlichen Prinzip. Im gesunden Organismus findet ständig ein Ausgleich von Fülle und Leere bei Energie und Substanz statt. Ist dieser Ausgleich gestört, kommt es zu Unausgewogenheiten mit der Folge von Krankheiten einzelner Organe oder des Stoffwechsels. Organe bilden Paare und unterstützen sich gegenseitig. Wegen der vielfältigen Abhängigkeiten führt nur eine ganzheitliche Betrachtung und Behandlung zur Gesundheit.

Für Krankheit gibt es viele auslösende Faktoren wie äußere Kälteeinwirkung, Überanstrengung, Streß oder abkühlende Nahrungsmittel, die je nach Konstitution des Betroffenen unterschiedlich wirken auf Yin und Yang, nämlich entweder als Fülle oder als Leere. Wasser-, Schleim- und Fettansammlungen, also Ödeme, Bronchitis, Cellulite, Übergewicht, aber auch Trägheit oder Niedergeschlagenheit werden als Yin-Fülle beschrieben. Weitere Anzeichen sind Blähungen, kalte Hände, Bedürfnis nach Kaffee oder Zigaretten. Ausgleichend sind Lebensmittel mit Yang-Fülle zu verzehren, die wärmend wirken und Qi anheben.

Für weitere Informationen zur Traditionellen Chinesischen Medizin wenden Sie sich an:

SMS - Societas Medicinae Sinensis
Internationale Gesellschaft für Chinesische Medizin e.V.
Franz-Joseph-Str. 38
80801 München

Nahrungsmittel wirken unterschiedlich

Nahrungsmittel werden in der TCM auch nach ihrer thermischen Wirkung klassifiziert in heiß, warm, neutral, erfrischend und kalt. Die jeweilige Eigenschaft rührt her vom

- Wassergehalt: je höher, um so abkühlender
- Düngereinsatz: je mehr, um so mehr Wasser, also abkühlender
- Sonnenbestrahlung: je mehr, um so abkühlender
- Kalium/Natrium-Verhältnis: neutral ist 5:1; je mehr Kalium, um so abkühlender.

Fast alle bekannten Nahrungsmittel sind nach den alten chinesischen Erfahrungen klassifiziert; Bücher über die Ernährung nach den Fünf Elementen enthalten entsprechende Tabellen. Obst ist meist kühlend, Südfrüchte, die unter viel Sonne wachsen, ganz besonders. Danach sei es nicht vorteilhaft, im Winter viele Citrusfrüchte zu essen, denn sie kühlen und fördern geradezu Erkältungskrankheiten. Lebensmittel wie Pu-Erh-Tee, die Qi anregen, sorgen dagegen dafür, daß der Körper genügend Energie hat, äußere Kälte und Infektionen abzuwehren.

Nach der Lehre von den Fünf Elementen sind die Lebensmittel weiterhin den Kategorien Holz, Feuer, Erde, Metall oder Wasser zuzuordnen. Sie wirken auf die zugeordneten Organe Leber/Galle, Herz/Dünndarm, Milz/Magen,Lunge/Dickdarm und Niere/Blase. Die Zuordnung erfolgt über Farbe und Geschmack der Lebensmittel.

So entsteht Übergewicht

Im Rahmen dieses Büchleins können nur einige Hinweise gegeben werden, die zum Verständnis der Gesundheitspflege nach Traditioneller Chinesischer Medizin beitragen können. Wer sich tiefer mit diesem Gebiet beschäftigen will, findet weiterführende Literaturhinweise im Anhang. Am Beispiel des Elements Erde sei erklärt, welche Rolle die Lebensmittelauswahl auf die Entstehung von Übergewicht hat: Erde steht für die Mitte, die nährende Basis. Zugeordnet sind die Organe Milz und Magen, die die Aufgabe haben, aus der Nahrung Lebensenergie zu gewinnen. Leiden Milz und Magen selbst unter Qi-Schwäche, treten Müdigkeit und Abgespanntheit auf, es wird nicht mehr genügend

Lebensenergie gewonnen. Da süßer Geschmack die Milz tonisiert, entsteht Heißhunger auf Süßes, und weil die notwendige Hitze fehlt, wird Fett nicht mehr ausreichend verbrannt, es kommt zu Fetteinlagerungen, Übergewicht entsteht. Wer den Gelüsten mit weißem Zucker und daraus hergestellten Produkten nachgibt, schwächt den mittleren Erwärmer weiter. Aber auch die beliebten Zutaten für Schlankheitsdiäten wie rohes Obst, rohes Gemüse oder Joghurt führen zu weiterem Energiemangel der Milz, lösen das Problem also nicht an der Wurzel.

Qi-Mangel wird durch Lebensmittel aufgehoben, die dem Element Erde zugeordnet werden. Dazu zählen vor allem Getreide, welches nach langem Kauen im Mund süßlich schmeckt, außerdem Trockenfrüchte, Hülsenfrüchte, Nüsse und natürlich-süße Lebensmittel wie Honig, Ahorn- oder Agavensirup, letztere allerdings wohldosiert. Gekochtes Getreide sollte deshalb so oft wie möglich im Mittelpunkt der Mahlzeiten stehen, der Tag idealerweise mit einem Müsli beginnen.

So wird man überschüssiges Fett los

Mit Nahrungsmitteln des Elements Erde bekämpft man die eigentliche Ursache des Übergewichts, den Qi-Mangel der Körpermitte. Nach Farbe (braun), Geruch und Geschmack (erdig) läßt sich Pu-Erh-Tee eindeutig dem Erd-Element zuordnen, weshalb nach der Fünf-Elemente-Lehre klar wird, weshalb er so wunderbar gegen überflüssige Fettpolster wirkt. Pu-Erh wandelt sich durch seinen besonderen Fermentationsprozeß von den Wirkungen bitter/austrocknend, die Grün- und Schwarztee haben, zu einem süß/befeuchtenden Lebensmittel, welches Qi-Mangel der Milz ausgleicht. Hierin liegt die ganz besondere Stellung des Pu-Erh-Tees mitbegründet, die ihn über die bekannten Wirkungen von Grünem und Schwarzem Tee auf die Verdauungsorgane weit hinaus hebt und seinen Ruf als „Fettkiller" begründet hat.

Frauen neigen von Natur aus zum Yang-Prinzip, haben weniger Qi und Wärme als Männer. Für sie ist es daher angezeigt, besonders jene Nahrungsmittel zu bevorzugen, die erwärmen oder neutral sind. Dazu zählen die meisten Fleisch- und Fischsorten, Kräuter und Gewürze, Wurzelgemüse, Kohlsorten, Kartoffeln, die meisten Getreide und Hülsenfrüchte. Heiße Suppen, Tees und warme Getreidemahlzeiten sind hervorragend dazu geeignet, das Wohlbefinden bei Qi-Mangel von Milz/Magen zu fördern. Kühlend wirken dagegen viele Obstsorten, Blattsalate, Tomate, Speiseöle, Salz und Zucker, sollten also bei Qi-Schwäche gemieden werden.

Der Hauptteil der Mahlzeiten sollte aus wärmendem bis neutralem Getreide bestehen. Kartoffeln sind zwar neutral, aber nicht so energiereich wie Getreide. Das Getreidekorn enthält konzentriert das Energiepotential einer ganzen Pflanze und versorgt alle Organe ausgewogen mit Qi. Nicht nur diese Empfehlung der chinesischen Ernährungslehre entspricht jenen der westlichen Vollwerternährung. Wir wissen, daß die Versorgung mit langkettigen Kohlenhydraten des vollen Getreidekorns zu einer lang anhaltenden Sättigung führt, also die schlanke Linie fördert. Nicht nur in der kalten Jahreszeit sollten Menschen mit Qi-Schwäche dazu eher wärmende, gekochte Wurzel- oder Kohlgemüse essen sowie Obst des Elements Erde. Nur Menschen mit Yang-Fülle, die zu Hitze, Überaktivität und Aufregung neigen, sich viel bewegen und körperlich arbeiten, dürfen jederzeit viel erfrischende und kühlende Rohkost zu sich nehmen. Bei allen anderen führt ihre Betonung zu Übergewicht, Abwehrschwäche, Verdauungsproblemen, Energiemangel, verbunden mit schlechter Laune.

Ohne Getreide geht es nicht

Barbara Temelie empfiehlt in ihrem Buch „Ernährung nach den Fünf Elementen", gekochtes Getreide in den Mittelpunkt der Ernährung zu stellen, besonders dann, wenn man abnehmen will. Es sollte möglichst Vollkorn sein. Getreidemahlzeiten sind etwas ganz anderes als ein Vollkornbrot mit fett- und salzhaltigem Belag in Form von Wurst oder Käse. Getreide wirken mit gekochtem Gemüse wohlig erwärmend, enthalten weniger Kalorien und machen länger satt, sind also nach chinesischer Diätetik ideal zum Abnehmen geeignet. Das können über 1 Mio. Menschen bestätigen, die, wie in meinem Buch „7-Tage-Körner-Kur" beschrieben, mit diesen Empfehlungen leicht und vollwertig abgespeckt haben: gekochtes Getreide, quasi kein Fett, kein Zucker, kein Salz, etwas Gemüse oder Obst dazu. Für 7 Tage konsequent durchgeführt, bewirkt diese Ernährung eine zuverlässige Gewichtsabnahme von 2,5 bis 4 Kilogramm ohne Kalorienstreß und Hungergefühl. Eine Qi-stützende Getreidekur, die besonders solche Zutaten einbezieht, die Qi der Milz fördern, sei deshalb jedem empfohlen, der mit Pu-Erh-Tee, in Übereinstimmung mit der Traditionellen Chinesischen Medizin, sich etwas schneller von überflüssigen Pfunden trennen will.

Durch unterschiedliche Zubereitung ist es möglich, Nahrungsmittel an die jeweilige Konstitution anzupassen. Mit Energie oder Wärme werden Speisen angereichert (yangisiert) durch Zubereitungen mit Hitzezufuhr, durch Würzen mit Pfeffer, Paprika, Kümmel, Petersilie, Schnittlauch, Nelke, Zimt oder Ingwer. Wer dagegen selbst schon über viel Yang verfügt, kann durch eine abkühlende Zubereitung der Speisen (yinisieren) dieses ausgleichen. Dazu wird in mehr Wasser gekocht, blanchiert oder es werden kühlende Zutaten zugefügt wie Obst, Sprossen und andere Rohkost.

Sie haben die Wahl

Sie werden feststellen, wie gut ihnen das Pu-Erh-Teetrinken tut. Ihr Energiefluß wird harmonisiert, Sie fühlen sich fit, beschwingt, ausgeglichen und Ihre ernährungsbedingten Probleme werden verschwinden. Hören Sie in sich hinein, wie es weiter gehen soll. Gehen Sie Schritt für Schritt vor, Sie haben die Wahl:

1. Pu-Erh-Tee trinken und etwas auf die Ernährung achten
2. Pu-Erh-Teefasten zur Grundreinigung (maximal 10 Tage), danach bewußter essen und trinken.
3. Pu-Erh-Tee trinken und zunächst 7 Tage eine Qi-Getreidekur durchführen, danach kontrollierter essen.

Wenn Sie Pu-Erh-Tee nicht wegen des Fettabbaus trinken, sondern wegen seiner Wirkungen auf Blutfette, Entgiftung, Leberanregung oder zur Stärkung des Immunsystems und der Lebensenergie, müssen Sie nicht befürchten, ungewollt abzumagern. Da Pu-Erh harmonisierend wirkt, greift er nur da ein, wo etwas aus dem Gleichgewicht läuft.

1. Pu-Erh-Tee trinken und sich wohlfühlen

Sie trinken 3 bis 5 große Tassen Pu-Erh-Tee und haben den ersten Schritt getan zu einer bewußteren Ernährung. Vielleicht ersetzen Sie mit dem Roten Tee schon den Morgenkaffee, oder Sie trinken ihn statt Limo und Cola. Sie sollten aber beim Teetrinken nicht stehen bleiben. Überdenken Sie, was Sie im Laufe eines Tages alles so essen: weiße Brötchen, Fettaufstrich, zuckerhaltige Marmelade, fetthaltige Wurst oder Käse, zwischendurch einen Riegel oder etwas anderes Süßes, Brote, etwas Gebratenes vom Imbiß oder aus dem Schnellrestaurant, fertig belegte Brötchen, Teilchen oder Kuchen, Eis, kühlende Salate mit fettem Dressing, kühlenden Yoghurt usw. bis zu den salzigen Snacks beim Fernsehen. Ist es da ein Wunder, daß es an Qi mangelt, daß Sie sich schlecht fühlen, müde, gestreßt, nicht ganz auf der Höhe, daß die Blutfette nicht stimmen und das Übergewicht plagt?

Achten Sie einfach auf das, was Sie kaufen und essen. Lassen Sie kühlende Speisen öfter einmal weg, versuchen Sie, gekochtes Getreide und Gemüse einzubauen. Verzichten Sie zunächst mal ab und zu auf Süßes, Fettes, Salziges, und Sie werden sehen, daß alleine schon dadurch angesammeltes Übergewicht langsam wegschmilzt. Der Pu-Erh-Tee hilft dabei, er unterstützt den Leberstoffwechsel und regt den Fettabbau an. Gehen Sie davon aus, daß je nach vorhandenem Übergewicht am Anfang pro Woche leicht 1 Kilogramm Fett abgebaut werden kann.

Diese Ernährungstips sollten Sie möglichst beherzigen:

- weniger raffinierten Zucker; Süßung mit Honig oder Agavendicksaft
- weniger stark erhitzte Fette, besonders solche tierischer Herkunft
- weniger Weißmehlerzeugnisse, dafür Vollkorn bevorzugen
- weniger Salzen, Würzen bevorzugt mit Kräutern und Gewürzen
- natürliche, biologisch erzeugte Lebensmittel bevorzugen statt solcher, die mit Kunstdünger, Chemie und Arzneimitteln erzeugt werden.

2. Pu-Erh-Teefasten

Nehmen Sie sich buddhistische Mönche zum Vorbild und reinigen Sie Körper und Geist von Grund auf mit Pu-Erh-Teefasten. Damit gelingt der Einstieg in die neue Ernährungsweise besonders gut. Sie haben entweder schon einmal gefastet oder möchten diese Erfahrung endlich machen? Sie werden es nicht bereuen. Der Körper erhält dadurch, daß er von der Verdauungsarbeit vollkommen entlastet wird, die Gelegenheit, angesammelte Schlacken aus Darm und Bindegewebe los zu werden. Sie werden natürlich bei vorhandenem Übergewicht mit dieser Methode am schnellsten überschüssige Pfunde abbauen, zwischen 4 und 7 Kilogramm in einer Woche. Nach dem Fasten trinken Sie Pu-Erh-Tee täglich weiter und konservieren den Erfolg, indem Sie versuchen, sich bewußter nach den Erfahrungen der Traditionellen Chinesischen Medizin zu ernähren.

Fasten ist eine jahrtausende alte Heilmethode. Der bewußte Verzicht auf feste Nahrung befreit, setzt ungeahnte Energien frei und Heilprozesse in Gang. Fasten ist das zur langfristigen Erhaltung der Gesundheit notwendige Gegengewicht zum ausufernden Konsum. In den meisten Kulturen und Religionen gibt es regelmäßig wiederkehrende Fastenperioden. Auch Tiere fasten instinktiv, wenn sie krank sind. Der Organismus spart den Aufwand der Verdauungsarbeit und ist so zu Höchstleistungen fähig. Energie wird durch ein alternatives „Stoffwechselprogramm" aus den Fettreserven gewonnen. Gesunde können ohne weiteres 5 bis 10 Tage fasten, sie bleiben leistungsfähig und können normalen Tätigkeiten nachgehen. Lediglich sehr große körperliche Anstrengungen sollte man vermeiden. Kranke sollten zuvor auf jeden Fall ihren Arzt befragen.

Wer fastet, muß viel trinken, um die Stoffwechselschlacken ausscheiden zu können. Ein ideales Fastengetränk ist Pu-Erh-Tee, denn er stärkt den Qi-Fluß, regt die Leber an, stärkt die Körpermitte und wärmt. Er unterstützt die Energiegewinnung aus den Fettdepots, hält fit und leistungsfähig und dämpft das anfängliche Hungergefühl. Seinen neutralen Geschmack wird man nicht leid, auch nicht nach Tagen und vielen Tassen. Neben mindestens 5 großen Tassen Pu-Erh sollte nur natriumarmes Wasser getrunken werden, insgesamt etwa 3 Liter Flüssigkeit über den Tag gleichmäßig verteilt. Bei Neigung zum Frieren erwärmen Sie auch das Wasser.

Vermeiden Sie eine Übersäuerung

Bei der Energiegewinnung aus Fettdepots hinterläßt der Stoffwechsel sogenannte Ketonkörper, die nur unter Einsatz von Kohlenhydraten vollständig verbrannt werden können. Hier sehen wir die Parallelität der modernen ernährungswissenschaftlichen Erkenntnisse mit dem alten Wissen der chinesischen Diätetik! Dort heißt es, daß bei Stärkung des Milz-Qi durch Kohlenhydrate überschüssiges Fett verbrannt wird bzw. umgekehrt bei Schwäche Übergewicht entsteht. Es ist also nach beiden Erkenntnissen notwendig, Kohlenhydrate beim Fasten zuzuführen, denn sonst kann Fett nicht 100 %ig abgebaut werden und es entsteht eine „Ketonämie“ oder Übersäuerung mit unangenehmen Symptomen wie Kopfschmerzen oder gar Gichtanfällen.

Aus diesen Gründen sollte Pu-Erh-Tee beim Teefasten mit Agavendicksaft leicht gesüßt werden, mit nicht mehr als einen bis zwei Teelöffeln pro Tasse. Agavendicksaft ist dafür ideal, weil er ganz natürlich ist und fast ausschließlich Fruchtzucker liefert, der in der Leber direkt verarbeitet werden kann, ohne daß anschließend ein Hungergefühl entsteht. Eine Übersäuerung wird vermieden, Fett vollständig abgebaut, Qi der Milz gestärkt, und die maximal 200 Kalorien fallen dabei nicht in´s Gewicht.

Fasten-Vorbereitung und Aufbautage

Bereiten Sie sich auf das Fasten vor durch eine natürliche Darmreinigung. Trinken Sie dazu eine Flasche 0,75 Liter Sauerkrautsaft (Reformhaus) von morgens bis mittags. Achten Sie beim Fasten auf Haut- und Mundhygiene, gönnen Sie sich Ruhepausen, ausreichend Schlaf und Bewegung an frischer Luft. Bei einem Stimmungstief oder Kopfschmerzen wirkt oft eine Wärmeflasche auf der Leber Wunder.

Beenden Sie die Fastentage behutsam mit einem oder mehreren Aufbautagen. Lassen Sie Ihrem Körper Zeit, sich an feste Nahrung zu gewöhnen. Beginnen Sie mit warmer Gemüsebrühe, Kartoffelsuppe und gekochtem Reis, dazu gekochtes Gemüse oder gedünstetes Obst. Fett und Eiweiß sind am schwersten zu verdauen und sollten ganz vorsichtig eingesetzt werden. Fallen Sie nicht in alte Gewohnheiten zurück, sondern orientieren Sie sich an den Ratschlägen der chinesischen Diätetik. Trinken Sie weiterhin regelmäßig täglich Ihren Pu-Erh-Tee.

3. Qi-Getreidekur

Sie sind motiviert, möchten es einmal mit einer konsequenteren Umstellung der Ernährung versuchen und dementsprechend auch schnelle Erfolge ernten bei Abbau von Übergewicht, Senkung der Blutfette und Steigerung der Lebensenergie. Zum Einstieg werden Sie nicht nur regelmäßig Pu-Erh-Tee trinken, sondern sich auf eine vielleicht ungewohnte Ernährungsweise einlassen. Getreide wird im Mittelpunkt stehen, auf Fleisch, Fett, Zucker und Salz wird zunächst verzichtet. Sie nehmen pro Tag etwa 900 Kalorien zu sich, sind damit satt und voll leistungsfähig. Ohne Probleme verlieren Sie in 7 Tagen zwischen 2,5 und 4 Kilo überflüssiges Körperfett.

Rezept-Ideen für die Zubereitung der Getreidekur finden Sie anschließend. Die Rezepte sind grundsätzlich Yang-betont und bringen viel Wärme. Ist Ihre Konstitution mit Hitze-Fülle sowieso schon Yang-betont, wandeln Sie sie durch Yinisieren individuell ab.

Nach den Kurtagen werden Sie versuchen, sich wie unter Punkt 1. beschrieben bewußter zu ernähren. Pu-Erh-Tee trinken Sie als dauerhaftes Gesundheitsgetränk weiter.

Während der siebentägigen Qi-Getreidekur wird an jedem Tag dreimal eine Mahlzeit aus gekochtem Getreide gegessen, jeweils ergänzt mit verschiedenen Obst und Gemüsen. Alle Zutaten sind danach ausgesucht, daß sie Qi, welches in der Körpermitte entsteht, fördern. Sie entstammen nach der Chinesischen Diätetik bzw. Lehre von den Fünf Elementen überwiegend dem Element Erde, sind neutral bis wärmend, süß, befeuchtend und Qi anhebend.

Nacheinander folgen an den 7 Tagen Weizenschrot, Hirse, Hafergrütze, Naturreis (Langkorn-Vollkornreis), Gerstengrütze, Dinkelgrütze und eine Getreidemischung aus den vorgenannten Sorten. Es werden jeweils 170 Gramm benötigt, beim Reis reichen 150 Gramm. Wenn Sie diese Getreide vorrätig haben, können Sie gleich loslegen. Möchten Sie eine Zutat austauschen, weil Sie sie nicht mögen oder gerade nicht bekommen, erkundigen Sie sich zunächst in der Literatur zur Chinesischen Diätetik, ob die stattdessen von Ihnen gewünschte Zutat obige Anforderungen zur Tonisierung des Qi der Mitte erfüllt.

Wenn Ihnen eines oder mehrere Getreide fehlen, haben Sie die Möglichkeit, auf eine fertige Abpackung aller benötigten Mengen zurückzugreifen. Sie wird unter der Bezeichnung „7-Tage-Körner-Kur" in allen Reformhäusern angeboten. Möchten Sie weitere Rezepte ausprobieren, denn Getreide sollte ja, damit sich Qi harmonisiert und Übergewicht nicht mehr neu bildet, verstärkt in den Mahlzeiten berücksichtigt werden, empfehle ich mein Taschenbuch „7-Tage-Körner-Kur". Sie finden darin über 150 Rezepte, geordnet nach Zubereitungsaufwand und Jahreszeit.

Bei der Zubereitung der Qi-Kur sind folgende Grundregeln zu beachten:

- Wenn Sie besonders unter Kühle leiden, leicht frieren, ein starkes Bedürfnis nach Süßem haben, von Verdauungsschwäche betroffen sind oder sich wenig bewegen, erwärmen Sie alle Zutaten, auch das Obst, essen Sie nichts roh.

- Wenn Sie einen empfindlichen Magen haben, würzen Sie mit den scharfen Gewürzen ganz sparsam oder verzichten Sie ganz darauf. Gehören Sie zu den Menschen mit großer Hitze, gilt dasselbe.

- Es wird kein Zucker und kein Salz verwendet, Fett nur ausnahmsweise, wenn es zur Zubereitung benötigt wird, ganz sparsam.

- Zum Süßen ist Agavendicksaft zu bevorzugen, auch kaltgeschleuderter, nicht wärmegeschädigter Honig; für Diabetiker alternativ Süßstoff

- Zum Würzen werden frische Kräuter, Gewürze und Gemüsebrühe eingesetzt.

- Alle Zutaten sollen so natürlich wie möglich sein, d.h., weitgehend aus biologischem Anbau, ohne Farb- und Konservierungsstoffe, Schwefel oder synthetische Aromastoffe.

- Fleisch- und Fleischerzeugnisse werden in der Kurwoche nicht gegessen.

- Neben fünf großen Tassen Pu-Erh-Tee wird lediglich Wasser getrunken (auf geringen Salzgehalt achten).

Die Kurernährung ist ei-, milchfrei sowie praktisch cholesterin- und tierisch-eiweißfrei. Die Nährwerte liegen bei durchschnittlich 900 Kalorien pro Tag mit Betonung des Kohlenhydrat-Anteils. Mit etwa 24 Gramm Ballaststoffen werden doppelt so viele zugeführt wie bei einer durchschnittlichen Ernährung. Das sorgt für eine gute Sättigung.

Anleitung für die Zubereitung der Getreidemahlzeiten:

Die ganze Getreide-Tagesportion (170 bzw. 150 Gramm) wird praktischerweise am Vorabend oder morgens gekocht, und zwar immer ein Drittel in 0,2 Liter ungesüßtem Sojadrink für die Frühstücke und zwei Drittel in 0,4 Liter Wasser für die Mittags- und Abendmahlzeiten. Zuzufügende Flüssigkeitsmengen liegen beim Reis wegen seiner geringeren Quellfähigkeit etwas niedriger. Essen Sie generell so oft wie möglich die Mahlzeiten warm, nur bei Hitze-Fülle auch als Kaltspeise.

Abkürzungen für die Kochrezepte:
TL = Teelöffel EL = Eßlöffel
MS = Messerspitze

1. Tag Qi-Getreidekur: Weizenschrot

1/3 Tagesmenge Weizenschrot in 0,2 Liter ungesüßtem Sojadrink aufkochen und auf der Warmhaltestufe 15 Minuten ausquellen lassen. 2/3 Tagesmenge Weizenschrot in 0,4 Liter Wasser aufkochen und ebenfalls auf der Warmhaltestufe 15 Minuten ausquellen lassen.

Frühstück: Weizen zu Apfelschaum

Zutaten:
1/3 Weizenschrot, in Sojadrink gegart
3 ungeschwefelte Trockenaprikosen
1 TL Agavendicksaft
1 MS Bourbon-Vanille
2 kleine, süße Äpfel

Zubereitung:
Trockenaprikosen in feine Streifen schneiden. Zusammen mit Agavendicksaft und Bourbon-Vanille unter den Weizenschrot rühren. Auf einen Teller geben. Äpfel ganz fein reiben (oder pürieren). Apfelschaum zum Weizen servieren.

Mittagessen: Weizenplätzchen an Brokkoli und Erdnußsoße

Zutaten:
1/3 Weizenschrot
1 TL Gemüsebrühe
1-2 EL Vollkornmehl oder -semmelbrösel
kaltgepr. Sonnenblumenöl zum Ausbacken
100 g Brokkoli
0,1 l Wasser
1/2 TL Koriander, ganz
1 TL Erdnußmus

Zubereitung:
Weizenschrot mit 1/2 TL Gemüsebrühe verrühren. 4 Plätzchen formen und in Vollkornmehl wenden. In wenig Sonnenblumenöl bei mittlerer Hitze von beiden Seiten ausbacken. Brokkoli putzen, in Röschen teilen, auch die grünen Stengelteile mitverwenden und im Wasser 10 Minuten garen. Koriander im Mörser (oder mit der Küchenrolle auf einem Holzbrett) zerstoßen. Brokkoli herausnehmen. In das Kochwasser Koriander, Erdnußmus und 1/2 TL Gemüsebrühe mit einem Schneebesen einrühren und kurz aufkochen. Weizenplätzchen auf einen Teller geben, mit Brokkoli und Erdnußsauce anrichten.

Abendessen: Weizensalat mit vielen Kräutern

Zutaten:
1/3 Weizenschrot
3 EL Sahne
1-2 TL Apfelessig, naturtrüb
1/2 TL Gemüsebrühe
1 kleine Zwiebel, fein gehackt
1 Bund frische, gemischte Kräuter
(ersatzweise 1 Päckchen Tiefkühl-8-Kräuter-Mischung)
zum Garnieren: etwas Feldsalat

Zubereitung:
Aus Sahne, Apfelessig, Gemüsebrühe und Zwiebelwürfeln eine Sauce rühren. Weizenschrot und Kräuter locker unterheben und durchziehen lassen. Auf dem Feldsalat anrichten.

In eher seltenen Fällen, hauptsächlich bei Männern, kann Übergewicht aufgrund einer Fülle an Hitze entstehen. Diese Menschen haben häufig eine rote Gesichtsfarbe, Hitzeempfindungen und einen Drang nach Aktivität. Für diesen Fall sind die Rezepte abzuwandeln.

Änderungen bei Hitzefülle:

Frühstück:

Ersetzen Sie die Äpfel durch 1 mittelgroße, reife Banane. Banane kleinschneiden, zerdrükken und schaumig schlagen. Mit 1-2 EL Zitronensaft abschmecken.

Mittagessen:

Ersetzen Sie den Brokkoli durch Kohlrabi. Kohlrabi in Stifte schneiden und in Wasser 10 Minuten garen.

Abendessen:

Mischen Sie zusätzlich 1 Tomate, gewürfelt, unter das Getreide. Feldsalat durch 1-2 Blätter Kopfsalat ersetzen.

2. Tag Qi-Getreidekur: Hirse

1/3 Tagesmenge Hirse in 0,2 Liter ungesüßtem Sojadrink aufkochen und auf der Warmhaltestufe 30 Minuten ausquellen lassen. 2/3 Tagesmenge Hirse in 0,4 Liter Wasser aufkochen und ebenfalls auf der Warmhaltestufe 30 Minuten ausquellen lassen.

Frühstück: Aprikosen zu Hirsecreme

Zutaten:
1/3 Hirse, in Sojadrink gegart
1 TL Agavendicksaft
1 MS Bourbon-Vanille
1 TL Kokosflocken
3 Aprikosen

Zubereitung:
Agavendicksaft und Bourbon-Vanille unter die Hirse rühren und auf einen Teller geben. Kokosflocken über die Hirse streuen. Aprikosen waschen und kleinschneiden. Zur Hirsecreme reichen.

Mittagessen: Hirsesuppe mit frischer Kresse

Zutaten:
1/3 Hirse
1 kleine Zwiebel
1 Knoblauchzehe
1 TL kaltgepreßtes Sonnenblumenöl
1/4 l Wasser
1 TL Gemüsebrühe
Pfeffer
1 Kästchen Kresse

Zubereitung:
Zwiebel und Knoblauchzehe fein hacken. In Sonnenblumenöl andünsten. Wasser, Hirse und Gewürze zufügen, kurz erhitzen. Kresse abschneiden und vor dem Servieren über die Suppe streuen.

Abendessen: Buntes Gemüse in Senfdressing

Zutaten:
1/3 Hirse
2 EL Sahne
2 TL Ganzkornsenf (scharf)
Pfeffer
1 kleine Möhre
1/2 grüne Paprikaschote
5 Champignons
zum Garnieren: 1 EL Schnittlauchröllchen

Zubereitung:
Dressing aus Sahne und Ganzkornsenf rühren. Mit Pfeffer abschmecken.
Gemüse putzen, waschen und trockentupfen. Möhre in feine Stifte, Paprika in Würfel, Champignons blättrig schneiden. Hirse und Gemüse unter das Dressing mischen, mit Schnittlauchröllchen garnieren.

Änderungen bei Hitzefülle:

Frühstück:

Ersetzen Sie die Aprikosen durch 1 weiche Kiwi, in Scheiben geschnitten.

Mittagessen:

Ersetzen Sie die Kresse durch Sauerampfer oder Sprossen und lassen Sie den Pfeffer weg.

Abendessen:

Ersetzen Sie das Gemüse durch 1 kleine Zucchini (in Stiften), 1 Tomate (gewürfelt) und 4 Radieschen (in Scheiben). Nicht mit Pfeffer würzen, milden Senf verwenden.

3. Tag Qi-Getreidekur: Hafergrütze

1/3 Tagesmenge Hafergrütze in 0,2 Liter ungesüßtem Sojadrink aufkochen und auf der Warmhaltestufe 20 Minuten ausquellen lassen. 2/3 Tagesmenge Hafergrütze in 0,4 Liter Wasser aufkochen und ebenfalls auf der Warmhaltestufe 20 Minuten ausquellen lassen.

Frühstück: Süße Haferblume

Zutaten:
1/3 Hafergrütze, in Sojadrink gegart
1 TL Agavendicksaft
1 MS Zimt
1 TL Weinbeeren, ungeschwefelt
1 großer Pfirsich

Zubereitung:
Hafergrütze mit Agavendicksaft und Zimt abschmecken, Weinbeeren unterheben. Pfirsich halbieren, den Stein herauslösen und in Scheiben schneiden. Hafer auf einem flachen Teller in die Mitte häufen und die Pfirsichscheiben blütenförmig herumlegen.

Mittagessen: Nußhafer auf Lauchgemüse

Zutaten:
1/3 Hafergrütze
1 TL Gemüsebrühe
1 TL Erdnußmus
1 Stange Lauch
2 EL Sahne
zum Garnieren: 1 EL Petersilie, fein gehackt

Zubereitung:
Hafer mit 1/2 TL Gemüsebrühe und Erdnußmus verrühren. Mit wenig Wasser in einem Topf bei kleinster Hitze erwärmen.
Lauchstange in feine Ringe schneiden, waschen und in wenig Wasser gardünsten. Sahne zufügen, mit restlicher Gemüsebrühe abschmecken. Hafer mit Petersilie bestreuen und zu dem Lauchgemüse reichen.

Abendessen: Rohkost mit Frühlingszwiebeln

Zutaten:
1/3 Hafergrütze
2 EL Sahne
2 TL Tafel-Meerrettich, ungeschwefelt
1 Frühlingszwiebel
1 mittelgroße Möhre
1 kleine Birne

Zubereitung:
Sahne mit Meerrettich glattrühren. Frühlingszwiebel in feine Ringe schneiden, auch das grüne Lauch mitverwenden, Möhre putzen und grob raspeln, Birne würfeln.
Hafergrütze, Gemüse und Obst locker mit dem Sahnedressing vermischen und durchziehen lassen.

Für das morgige Frühstück (Vanillereis mit Trockenfrüchten) bitte das Trockenobst zum Quellen ansetzen.

Änderungen bei Hitzefülle:

Frühstück:

Ersetzen Sie den Pfirsich durch 1 Apfelsine, geschält und in Spalten geteilt. Lassen Sie den Zimt weg.

Mittagessen:

Ersetzen Sie die Lauchstange durch frischen, gedünsteten oder TK-Spinat.

Abendessen:

Ersetzen Sie die Frühlingszwiebel durch 1 Stück Sellerieknolle (grob geraffelt) und die Möhre durch 1/4 Schlangengurke (gewürfelt).

4. Tag Qi-Getreidekur: Naturreis

1/3 Tagesmenge Naturreis in knapp 0,2 Liter ungesüßtem Sojadrink aufkochen und auf der Warmhaltestufe 40 Minuten ausqellen lassen. 2/3 Tagesmenge Naturreis in 0,3 Liter Wasser aufkochen und ebenfalls 40 Minuten auf der Warmhaltestufe ausquellen lassen.

Frühstück: Vanillereis mit Trockenfrüchten

Zutaten:
1/3 Naturreis, in Sojadrink gegart
2 TL Agavendicksaft
3 EL Wasser
4 Trockenpflaumen, unbehandelt
4 Trockenaprikosen, ungeschwefelt
1 MS Bourbon-Vanille

Zubereitung:
Agavendicksaft mit Wasser verrühren. Trockenpflaumen und -aprikosen vierteln und im Agavensaft über Nacht ausquellen lassen.
Reis mit Vanille abschmecken, Trockenobst unterheben.

Mittagessen: Petersilienchampignons

Zutaten:
1/3 Naturreis
1 kleine Zwiebel
1 Knoblauchzehe
100 g Champignons
1 TL kaltgepreßtes Sonnenblumenöl
1 EL Wasser
1 TL Gemüsebrühe
1 TL Apfelessig, naturtrüb
2 EL Sahne
1 EL Petersilie, fein gehackt

Zubereitung:
Zwiebel und Knoblauchzehe fein hacken. Champignons putzen, waschen und blättirg schneiden. Zwiebel und Knoblauch bei kleiner Hitze in Sonnenblumenöl und Wasser andünsten, Champignons zufügen und bei geschlossenem Deckel weiter schmoren. Mit Gemüsebrühe und Apfelessig abschmecken, zum Schluß Sahne und Petersilie unterrühren.
Reis in einem Topf erwärmen und zum Gemüse reichen.

Abendessen: Grüner Reissalat

Zutaten:
1/3 Naturreis
1 TL Gemüsebrühe
2 EL Sahne
1 TL Apfelessig, naturtrüb
1 EL Schnittlauch, in Röllchen
100 g Tiefkühl-Erbsen
1/2 grüne Paprikaschote
zum Garnieren: 4 gefüllte grüne Oliven

Zubereitung:
Reis mit Gemüsebrühe würzen. Aus Sahne, Apfelessig und Schnittlauch ein Dressing rühren. Erbsen in wenig Wasser gardünsten, abkühlen lassen. Paprika in schmale Streifen schneiden, Oliven scheibeln. Reis, Erbsen und Paprika unter das Dressing heben. Salat durchziehen lassen und mit Olivenscheiben garnieren.

Änderungen bei Hitzefülle:

Frühstück:

Ersetzen Sie Trockenpflaumen und -aprikosen durch Ringäpfel. Zum Einweichen über Nacht kein Wasser, sondern den Saft von 2 Mandarinen verwenden.

Mittagessen:

Ersetzen Sie den Apfelessig durch 1 EL Zitronensaft.

Abendessen:

Ersetzen Sie die Erbsen durch 2 kleine Tomaten (gewürfelt) und die Paprika durch eingelegte Gurken (gewürfelt).

5. Tag Qi-Getreidekur: Gerstengrütze

1/3 Tagesmenge Gerstengrütze in 0,2 Liter ungesüßtem Sojadrink aufkochen und auf der Warmhaltestufe 20 Minuten ausquellen lassen. 2/3 Tagesmenge Gerstengrütze in 0,4 Liter Wasser aufkochen und ebenfalls 20 Minuten auf der Warmhaltestufe ausquellen lassen.

Frühstück: Gerste mit Pflaumen

Zutaten:
1/3 Gerstengrütze, in Sojadrink gegart
1 TL Agavendicksaft
1 MS Zimt
1 TL Pinienkerne
150 g frische Pflaumen (ersatzweise Dunstobst)

Zubereitung:
Gerstengrütze mit Agavendicksaft und Zimt abschmecken und auf einen Teller geben. Mit Pinienkernen bestreuen.
Pflaumen entsteinen, vierteln und zum Getreide geben.

Mittagessen: Sauerkrauttopf

Zutaten:
1/3 Gerstengrütze
0,2 l Wasser
1 TL Gemüsebrühe
1 EL Tomatenmark
100 g Frischkost-Sauerkraut
1 EL Petersilie, fein gehackt
1 EL Sahne

Zubereitung:
Wasser mit Gemüsebrühe und Tomatenmark in einem Topf erhitzen, Gerstengrütze und Sauerkraut unterheben und kurz aufkochen. Auf einen Teller geben, Petersilie und Sahne in die Mitte setzen.

Abendessen: Chinakohlröllchen mit Currydip

Zutaten:
1/3 Gerstengrütze
1/2 TL Gemüsebrühe
4 große Blätter Chinakohl
Currydip: 1 kleiner Apfel
3 EL Sahne
1 TL Curry
1-2 TL Apfelessig, naturtrüb

Zubereitung:
Gerstengrütze mit Gemüsebrühe abschmecken. Chinakohl in Wasser blanchieren, trockentupfen. Jeweils etwas Gerste auf ein Kohlblatt geben, die Seiten einschlagen und aufrollen.
Für den Currydip Apfel sehr fein reiben (oder pürieren), mit Sahne, Curry und Apfelessig glattrühren. Zu den Chinakohlröllchen reichen.

Änderungen bei Hitzefülle:

Frühstück:

Ersetzen Sie die Pflaumen durch 1 weiche Kiwi und 1 kleine Banane (beides in Scheiben). Lassen Sie den Zimt weg.

Mittagessen:

Gerste statt mit 0,2 l nur mit 0,1 l Wasser erhitzen. Sauerkraut nicht mitkochen, sondern als Beilage roh zum Getreide reichen.

Abendessen:

Ersetzen Sie den Chinakohl durch Salatblätter.

6. Tag Qi-Getreidekur: Dinkelgrütze

1/3 Tagesmenge Dinkelgrütze in 0,2 Liter ungesüßtem Sojadrink aufkochen und auf der Warmehaltestufe 15 Minuten ausquellen lassen. 2/3 Tagesmenge Dinkelgrütze in 0,4 Liter Wasser aufkochen und ebenfalls auf der Warmhaltestufe 15 Minuten ausquellen lassen.

Frühstück: Fruchtiger Dinkel mit Zimtsahne

Zutaten:
1/3 Dinkelgrütze, in Sojadrink gegart
150 g Weintrauben
2 TL Agavendicksaft
4 EL Sahne
1-2 MS Zimt

Zubereitung:
Weintrauben waschen, halbieren, Kerne entfernen und mit 1 TL Agavendicksaft unter den Dinkel mischen. Sahne mit einem Schneebesen aufschlagen, mit restlichem Agavendicksaft und Zimt abschmecken. Zimtsahne zum Dinkel reichen.

Mittagessen: Dinkel-Medaillons zu Fenchel

Zutaten:
1/3 Dinkelgrütze
1 kleine Kartoffel
1/2 TL Gemüsebrühe
1-2 EL Vollkornmehl oder -semmelbrösel
kaltgepreßtes Sonnenblumenöl zum Ausbacken
1 kleine Fenchelknolle
1 TL kaltgepreßtes Sonnenblumenöl
1 EL Wasser
Pfeffer

Zubereitung:
Kartoffel fein reiben. Zum Dinkel geben, gut mischen und mit Gemüsebrühe würzen. Plätzchen formen, in Vollkornmehl wenden und in wenig Sonnenblumenöl bei mäßiger Hitze von beiden Seiten ausbacken.
Fenchel putzen, in 1 cm dicke Scheiben schneiden. In Öl und Wasser bei geschlossenem Deckel in etwa 10 Minuten weich dünsten. Mit Pfeffer abschmecken.

Abendessen: Garten-Cocktail

Zutaten:
1/3 Dinkelgrütze
1 TL Gemüsebrühe
2 EL Sahne
2 TL Apfelessig, naturtrüb
1 EL Petersilie, fein gehackt
50 g Champignons
1/2 rote Paprikaschote
1/2 grüne Paprikaschote

Zubereitung:
Dinkel mit Gemüsebrühe würzen. Aus Sahne, Apfelessig und Petersilie eine Sauce rühren.
Champignons putzen, waschen, feinblättrig schneiden. Paprika in schmale Streifen schneiden.
Dinkel und Gemüse unter die Sauce heben. Garten-Cocktail durchziehen lassen.

Änderungen bei Hitzefülle:

Frühstück:

Ersetzen Sie die Weintrauben durch Melone oder Ananas und den Zimt durch Bourbon-Vanille.

Mittagessen:

Ersetzen Sie den Fenchel durch 250 g Spargel. Spargel schälen und in wenig Wasser dünsten. Sonnenblumenöl und Pfeffer werden nicht benötigt.

Abendessen:

Ersetzen Sie den Apfelessig durch 1 EL Zitronensaft, die rote Paprika durch 1 kleine Tomate (gewürfelt).

7. Tag Qi-Getreidekur: Getreidemischung

1/3 Tagesmenge Getreidemischung in 0,2 Liter ungesüßtem Sojadrink aufkochen und auf der Warmhaltestufe 20 Minuten ausquellen lassen. 2/3 Tagesmenge Getreidemischung in 0,4 Liter Wasser aufkochen und ebenfalls auf der Warmhaltestufe 20 Minuten ausquellen lassen.

Frühstück: Sechskorn zu Pfirsichcreme

Zutaten:
1/3 Getreidemischung, in Sojadrink gegart
1 TL Agavendicksaft
1 MS Zimt
1 großer, reifer Pfirsich

Zubereitung:
Getreidemischung mit Agavendicksaft und Zimt abschmecken und auf einen Teller geben. Pfirsich halbieren, entsteinen, einige Spalten zum Garnieren abschneiden, den Rest pürieren (schaumig schlagen) und zum Getreide reichen.

Mittagessen: Prinzeßbohnen zu Getreide

Zutaten:
1/3 Getreidemischung
150 g Prinzeßbohnen
1 TL Gemüsebrühe
1 Stengel frisches Bohnenkraut
1 kleine Zwiebel
1 TL kaltgepreßtes Sonnenblumenöl

Zubereitung:
Bohnen waschen, putzen und mit 1/2 TL Gemüsebrühe in wenig Wasser gardünsten. Bohnenkraut waschen, Blättchen abzupfen und zu den Bohnen geben.
Zwiebel hacken, in Öl glasig dünsten, mit etwas Wasser auffüllen, restliche Gemüsebrühe unterrühren und die Getreidemischung darin aufwärmen. Bohnen und Getreide auf einem Teller anrichten.

Abendessen: Zwiebelsuppe

Zutaten:
1/3 Getreidemischung
150 g Zwiebel
2 TL Sonnenblumenöl, kaltgepreßt
200 ml Wasser
1 TL Gemüsebrühe
Pfeffer, Muskat, Kümmel
zum Garnieren: 1 EL Petersilie, fein gehackt

Zubereitung:
Zwiebeln schälen, grob hacken und in Öl glasig dünsten. Mit Wasser auffüllen und 10 Minuten köcheln lassen. Getreidemischung zugeben, ebenso Gemüsebrühe und mit Pfeffer, Muskat und Kümmel abschmecken. Suppe mit der Petersilie bestreut servieren.

Änderungen bei Hitzefülle:

Frühstück:

Ersetzen Sie den Pfirsich durch eine Grapefruit (schälen, filettieren) und den Zimt durch Bourbon-Vanille.

Mittagessen:

Ersetzen Sie die Bohnen und Bohnenkraut durch 2 kleine Kolben Chicorée. Chicorée putzen, längs halbieren und mit 1/2 TL Gemüsebrühe in wenig Wasser weich dünsten.

Abendessen:

Würzen Sie die Zwiebelsuppe mit 1-2 TL Sojasauce statt mit Pfeffer, Muskat, Kümmel.

Bezugsquellen/Adressen

Original chinesischen Pu-Erh-Tee bester Qualität erhält man in Reformhäusern, lose und in Filterbeuteln, ebenso Agavendicksaft und die 7-Tage-Körner-Kur. Inzwischen führen auch viele Naturkostgeschäfte, China- oder Teeläden den Roten Tee. Es gibt große Preisunterschiede, bei Billigangeboten ist Vorsicht geboten (es sollen schon dubiose Mischungen von billigen Schwarztees als Pu-Erh angeboten worden sein).

Bergland-Pharma Naturheilmittel
Postfach 1132
87681 Memmingen
Tel.: 08335-982101 Fax: 08335-982119
- Kapseln

CMC Chinese Medical Center
Hofweide 8
58642 Iserlohn
Tel.: 02374-15490 Fax: 02374-166580
- Tee, lose und in Filterbeuteln

Holsteiner Tee-Versandhandel
Plöner Str. 85
23701 Eutin
Tel./Fax: 04521-798318
- Teeversand

avitale by – Mikro-Shop Handels GmbH
Carl-Zeiss-Str. 8
25451 Quickborn
Tel. 04106-773371, Fax 04106-773373
– Tee sowie Kapseln

Fa. Paulsen, Inh. R. Albrecht
Nienstadtstr. 9
24768 Rendsburg
Tel. 04331-669714, Fax 04331-62179
– Import-Großhandel

Rüdigers Tee-Boutique
Koppeldeich 12
46499 Hamminkeln
Tel. 02852-72741, Fax 02852-72750
– Teeversand

Schwedt & Gesing
interTee Handelsgesellschaft mbH
Gutenbergring 65–67
22848 Norderstedt
Tel. 040-53424-0, Fax 040-53424-240
– Abgabe nur an Wiederverkäufer

Tee-Maass
Theodor Maass GmbH
Siemensstr. 51
25462 Rellingen
Tel. 04101-3905-0, Fax 04101- 3905-39
– Import-Großhandel

Bücher

Jürgen Weihofen, 7-Tage-Körner-Kur, 150 Rezepte zum Abnehmen und Entschlacken mit Vollwertkost. sanoform-Verlag. Troisdorf 1995

Gerhard, Herrmann, Weihofen Jürgen, Saftfasten, Vital und fit mit Obst-, Gemüse- und Kräutersäften. TRIAS-Verlag. Stuttgart 1993

Manchester, Carole, tea in the east. Hearst Books. New York 1996

Yongkang, Li, Heilen mit Chinatees. Midena-Verlag. Augsburg 1997

Schneebeli-Graf, Ruth, Blütenland China, Nutz- und Heilpflanzen. Birkhäuser-Verlag. Basel 1995

Temelie, Barbara, Ernährung nach den Fünf Elementen. Joy-Verlag. Sulzberg 1996

Engelhardt, Ute, Hempen, Carl-Hermann, Chinesische Diätetik. Urban & Schwarzenberg-Verlag. München 1997

Willkommen im Garten EDEN.
Natürlich Süßen!
bio
bio
Kontrolliert-biologischer Anbau
EDEN
Bio-Agavendicksaft
Vielseitiges, geschmacksneutrales Süßungsmittel
EDEN
Bio-Agavendicksaft
Süß wie Zucker - mit weniger Kalorien.
Süßt den Tee ideal.
Exklusiv im Reformhaus
EDEN
Jeden Tag gesund genießen.